Primera edición, 2025
Segunda edición, abril de 2026

© Rut Sanz Montaña
© de esta edición, Editorial Páramo
www.editorialparamo.com
editorialparamo@gmail.com / 646346731

Ilustración de portada: Rita Rubianes

ISBN: 979-13-990156-9-0
Núm. DL: VA 507-2025
Impreso en España – Printed in Spain
Impreso en Ulzama

VOLVER A CASA

Rut Sanz Montaña

editorial
PÁRAMO
*
l í r i c a

VOLVER A CASA

Rut Sanz Montaña

VOLVER A CASA

"Un registro que trasciende lo cotidiano y se eleva como testimonio de vida y muerte, reflejo de lo amargo de la finitud pero también de las pequeñas victorias ligadas a la belleza sencilla de las cosas: el tacto de una mano, palabras amables, un pájaro sobrevolando el jardín".

Lo que somos ahora, May Sarton.

"Mientras yo me preocupo
por cualquier nimiedad cuyo fin no recuerda,
ella sueña la dicha que sería
volver a estar un rato en mi lugar.
La anciana que seré me quiere más que yo".

"Amor propio" en *Matria*, Raquel Lanseros.

Un orbe blanco
me despierta.
Los pájaros vuelan
impar.
He vuelto a los ritos
observables y escondidos
de mi casa.

I. Migraciones

Jamás antes
había reparado tan absorta
el completo transcurrir
de los días
antes de ser palabra.
El mundo me tiene muda.

En algún lugar del mundo
Mam mayá
significa
'alimentar el cerebro con amor'.
En algún lugar —remoto
pero luminoso— del mundo,
Mam mayá
es lo más parecido
a la infancia no conclusa,
a los cánticos mantra que retiene la memoria,
a nadar abrazos en aguas complicadas
con bondades muy pequeñas
(y también muy grandes).
Es crecer niños,
sortear la vida con sus vértigos,
saber encajar golpes (de voz) en:
traspiés, volátil o armónico.
Mam mayá,
en algún lugar del mundo,
es   el adiós con vez siguiente,
          el hola del recién llegado,
          el hasta siempre agradecido,
          el hasta nunca apaciguado.
Mam mayá para todos.

Hay coordenadas norte
que son
viento, casa, mar;
que fueron
ellos (y vosotros);
que será, siempre, volver
al encuentro y
a la búsqueda.

Blanco y negro. Alma y tripas.
La ternura.
Casi o nunca. Allí o acá.
Lo cruento.
Calcetines (de colores).
Más nevadas.
Fantasías o fantasmas.
La presencia, las presencias.
Qué importa el orden que importa.
Lo invisible.
Lo imposible.
Sin que esté(s) y todo sigue.
Nada cambia
el goteo incesante de las cosas.

A veces no es tanto
tejer, **Aracne**,
como encontrar
la fórmula exacta
para que no se destruya
lo amorosamente
dedicado
en el tapiz gastado de los días.

Con las pisadas
sucias
de barro y hojas
                         de calendario
revueltas
             por el viento.
"No estoy sola
—pensó **Gretel**—;
el bosque siempre
me acompaña".

Cuando crezcas
esperarán de ti que distingas, sin temblor,
la verdad de la mentira
(o la mentira piadosa, o la mentirijilla).
Dedicarán escaso tiempo
a preguntarte, de pequeño,
si te agrada el campo,
cuánto importa tu rebaño,
por qué temes realmente al lobo,
qué hay tras ese empeño tuyo
de llamar la atención con insistencia.
Es muy difícil mirar despacio a los ojos, **Pedro**.
Nunca sabes qué secretos —ni de quién—
van a explotarte
en las pupilas.

Para Andrés.
Ojalá siempre a salvo de los lobos.

A veces respiro aire quemado, lo confieso.
Convierto mis pulmones
en ceniza que gargareo, escupo y vomito
casi siempre en silencio.
Me convierto en piedra
por un rato;
recupero la tranquilidad
luego
cuando,
consciente
de esos impulsos

malignos
perversos
viles
crueles
inmorales,

me resguardo
nuevamente
en la bondad de lo frágil.
El odio son ellos;
yo
sólo el lamento inerte de la herida entreabierta.

Los gritos animalizan
el ser humano que dudo que haya
dentro
debajo
de esos puños roca
de esos ojos bomba
de esa boca infierno
de ese cuerpo bestia que, a veces, avanza.
Y no pierdo cuando me alejo.
Lo gano todo.
Y me siento a salvo entonces
con mi dignidad y mi silencio,
armas infalibles
que custodian con acierto
las fragilidades
con que me hicieron
con que me hago yo, cada vez,
con las que procuro hacerles,
con las que me quiero morir, también,
y abrirme las venas
después de los intentos fallidos
por hacer del mundo un lugar un poco
más limpio,
más bello,
más nada.

Los pasos
imantan las piedras.
El aliento quema y rompe.
De más, los cuerpos;
intactas las almas.
Las raíces
ni se fuerzan
ni se reconducen.

Como
los lápices, el café molido,
la paciencia, el tiempo,
las canciones de Valeria Castro,
los intentos por hacer las cosas
bien,
los duelos de gatos callejeros,
el sol que calienta el agua,
las uvas comidas por los tordos.
Todo se termina, en algún momento.
Como el verano
o como tú.

A veces la piel se escama
para nadar hasta arrecifes
intransitables.
Esperan allí el miedo y la alegría,
y se intercambian la risa y las miradas.
Mientras,
bancos de peces nuevos
ocupan el espacio,
revuelven la luz,
rozan las entrañas.
Existen recovecos a los que no llega el aire,
donde no cabe la nada: eso es la pena.
Hay que saber bailar también en el agua;
respirar despacio
el tiempo
sin bebérselo de golpe.

Que no estén
claros
los pasos
no tiene que ver,
necesariamente,
con la nitidez
de las huellas.

*

Hay un kraken
en las entrañas
de la tierra
siempre dispuesto
a despertarse.

*

El peligro
es más manso
en compañía.

II. Estancias

Delicadeza.
Repito insistentemente.
Como si acaso, eso,
fuera a suavizar
el mundo.

Lugar seguro
infalible
es **la hoja en blanco**
y un lápiz de grafito usado
para trazar una salida
de emergencia:
un abrazo, una risa,
un poema,
un
pre
ci
pi
cio.

Nos estamos conociendo.
Bravura arisca sin calma, la mía.
Impoluta presencia silenciosa, en su caso.
Tengo prisa; ella, ninguna.
Me ofrece luz, silencio, cobijo.
Aún es pronto
(llegar aquí no ha sido travesía serena).
Me espera
con la parsimonia amable
de quien se sabe puerto.
Voy y vuelvo,
respiro, me detengo
a descifrar mensajes que cambian
con las horas de los días, de las noches
del verano, del otoño.
Deseo que esto dure
un poco más que para toda la vida.
Pero no lo digo.
Por si me escucha el miedo.

Una casa con ventanas grandes.
Caminar descalza mientras desayuno.
Una familia
que no grite
y un perro manso
que se quede cerca mientras leo.
Un cuaderno siempre abierto
para escribirlo casi todo.
Cajas de metal donde guardar fotos y galletas.
Un sillón con manta.
Las librerías de techo a suelo
y una escalera que no dé miedo.
Plantas muy verdes que no se mueran.
Flores frescas en cada cumpleaños.
Música y silencio.
Mantel de tela limpio, una jarra de cristal
y una copa de vino en las comidas.
Que cuando piensen en mí, les acaricie
de pronto
la alegría.

Hay algo que el mar
nunca
me devuelve
en el silencio de su orilla:
preguntas.
No necesito nada.
Que me mires
a los ojos
y tus manos frías
y seguir haciendo
café
por las mañanas.
A v a n z a r
hilando certezas
rompiendo tradiciones
que nos conecten al pasado
vislumbrándonos en este
presente futuro.
Dum fata sinunt, iungamus amores.

Patria es verte respirar
y que mis ojos y mi cuerpo
deseen
reposarse
ahí
sin trincheras,
porque la vida que pasa
es el peligro.

Un niño sabe
que el mundo es
un lugar redondo
y difícil
porque se lo está explicando
su padre:
se sirve de una naranja
que luego merendarán juntos.
Lo aprenderá
después
cuando, tal vez, por casualidad,
tenga la suerte
de compartir
los mejores gajos
con su propio hijo.

En la habitación infantil
mi padre ha instalado,
más que cuidadosamente,
un perchero
con nivel de especialista y líneas-lápiz
buscando taladrar su sitio exacto.
Está torcido, pero nunca digo nada.
Ha entregado su vida
a regalar perfectas pequeñeces
llenas de amor y de ternura
procurando mejorar su propia infancia
de campo y de pobreza y
de libros quemados en la gloria.
Para él no existe mayor felicidad
que el detalle cálido
de un perchero torcido
donde puedan colgar su abrigo
las visitas.

Hay noches
de zapatos limpios,
ilusiones desenvueltas
y **desayunos** de roscón con
nata
que ya podrían durar
eternidades
de mágicos inviernos infinitos.

Hay **una mujer de pelo blanco**
sentada en mis recuerdos infantiles,
en mis siestas del verano.
Habla con gracia grave de un pato,
    de un pirata,
    de Aurorita Abizcochada,
    de una araña con tacones.
Mi padre me lee sus cuentos.
Mi madre me enseña sus cuentas.
Así era Gloria, cuando
la poesía era el mar azul
   y la arena amarilla,
   y el columpio en la casa de los abuelos
   y las bicicletas recorriendo mil montañas
de esperanza,
   y los cucuruchos de vainilla goteando
entre los de-
dos
a la luz del arcoíris.
Así era Gloria.
Cuando la poesía era un juego
y no una diatriba de mayores
donde no se entiende casi nada.

Cuando me canso
y el hartazgo saca pecho a mi paciencia
me acuerdo de las rótulas gastadas
de mi abuela
de fregar escaleras en invierno,
del terrazo taladrándole los huesos,
de la lejía quemando sus manos de costura.
La dignidad encontraba proporción
en los cubos de agua limpia utilizados
y su planta, noble y recia,
soportaba señoríos hacia adentro
con cada bayeta impecablemente retorcida.
Y, entonces, se me pasa todo,
María.

Saber amar las ausencias
que nos han tocado:
la memoria
justa
para habitar el mundo.

No dejes morir a los que amaste.
Mantenlos siempre vivos.
Honra respetablemente quiénes fueron,
cuál era su palabra favorita,
el gesto que menos les gustaba,
la mesa con qué personas compartida,
el silencio limpio ante quiénes,
las veces de mano tendida,
la sonrisa preparada igual que el viaje,
y la maleta
y el libro:
abiertos,
como Guillén y su muralla
—ojo con el alacrán y su veneno;
bienvenidas las rosas de todos los jardines
inimaginados—.
La vida se reduce a esto:
la bondad y el tiempo.
Un poco de memoria, además,
para la calma; y las copas de vino,
de botellas
de madera madurada en barrica
de los bosques
de aquella ciudad de Galilea,
brindadas, con cuidado, a la altura de los ojos.

III. Las migas también son pan

Creo en los vivos y en los muertos,
en mi amigo invisible de la infancia
escondido en el armario
con katiuskas amarillas
sucias de lluvia de barro.
Creo en los relojes y en los calendarios,
y en la obsesión de mi padre
por trazar líneas rectas
en suelos y paredes
buscando proporciones y equidistancias
que (me parece que) no existen.
Creo en mis sobrinos y en lo que dicen
todos sus cuentos;
en sus calcetines sin zapatos,
y en las canciones que inventamos
para que no tengan miedo o esperen contentos
(cuando sean más grandes,
les confesaré en secreto
que yo también las tarareo
para atreverme a cosas).
Creo en las personas que titubean,
en el poder de la delicadeza,
en un día con luz y con silencio,
y en las palabras.
Creo en lo que tiembla.

Prometo fijarme menos,
vincularme poco, engancharme nada,
enamorarme nunca —más—
de la sabiduría de nadie.
Prometo un espacio exento de energías
aparentemente comprendidas,
evitar cursiladas resueltas
con detalles cotidianos,
dejarme de metáforas
potencialmente ridículas,
procurar no invertir en narrativa
—de la mala— casi todo.
Prometo controlar intervenciones,
respirar antes de terminar ninguna idea,
pasarme por el forro
la exacta precisión de las palabras.
Prometo callar y regalar, sin reparos, mi silencio.
Y si alguna vez se me ocurriera
ser quien soy sin cortapisas,
prometo no darme importancia y salir corriendo
para ponerme a resguardo
desde los márgenes del mundo.

Me enamoro
varias veces al día
de forma ambigua e inconclusa
de las cosas, las palabras, los rincones
de tu tiempo conmigo.
La vida no es mi sitio casi nunca.
Se me pasa
haciendo imperfectos equilibrios
que fueran a salvarme
de la fugacidad
indomable
incombustible.
Mientras, sigo aquí
con las manos dormidas.

Mientras,
seguiré contemplando
el horizonte
—piel de viento, luz de agua—
reponiéndome del miedo
con raigambre, sin anclajes;
regalando
tiempo de silencio,
respeto sin reservas,
el justo agradecimiento,
alguna rosa, alguna risa.
Todo lo libre que sepa
mientras
siga
sucediéndome
la vida.

A la palabra *esperanza*
no es posible añadirle
nada.
Los gorriones, la memoria,
las lecturas subrayadas;
aparecen los mensajes
que devuelven a un pretérito holograma.
Pisar descalza la tierra,
agradecer la luz,
contemplar a mor dis cos nuevos
de calma y de ternura
que la vida no es un simulacro,
que la vida es el incendio.
Estar en el mundo
con la perfecta tibieza de las ausencias
decididas.
Estar en el mundo
con la confusión que causa lo observable.
Y ponerle un título al poema:
Ahora.

La matriz

del camino más adecuado
—quién sabe cuál, adónde lleva—,
la materia del amor en cada gesto,
el matriarcado
desde mis abuelas hasta mis dos madres.
La semilla de la tierra en mis entrañas,
germine o no,
crece.
Es con la que toco lo que existe
(porque soy, porque he sido hecha):
el pan a la mesa,
la generosidad servida en el plato,
la colada blanca con cuidado cuando hay viento,
un libro abierto en el regazo,
recoger lo que se cae al suelo,
la ternura al arropar cuerpos dormidos.
Que no se me olvide nunca la fortuna.
Que se me gaste siempre en otros.

Cada vez es más frecuente:
lo más pulcro que puedo hacer
nacer de mí
son las palabras
que elijo algunas veces
incluso cuando
deshabito el mundo
y los faros se confunden
y la oscuridad conquista
territorios ocupados
por trampas
que, antes,
fueron sembradas
de galimatías balbucientes
que sólo consigo
malimaginar.
¿Acaso sea esto sentirse a salvo?

No llores.
    grites.
    te enfades.
               No te preocupes.
Cálma-
    te.
Cuesta acompañar
en la vulnerabilidad.
Un corazón
es
para
que arda.

Entre los escombros, las miradas.
Abrazos vertebrales y torácicos
para no morir
de frío
con cada embestida.
Las almas que se encuentran en el caos
y firman, hermanas, eternos pactos
de silencio.
Un infierno y cuatro ratos.
Y que vengan otros (y otros ratos)
—infernales, incluso,
si fuera estrictamente necesario—
pero que estés tú desde muy cerca
apretándome la vida con los ojos
para que yo, guerrera espejo, no me paralice.

Noble
mansedumbre
sin doblez
que todo lo ilumina.
Piensa y habla sin miedo.
Que ame / que cante / que baile
también sin miedo
—comprendiendo acompasadas
las músicas,
con la alegría y la pena justas
para la atención exacta
hacia las palabras de las letras
(eso es otra copla, no preguntes)—.
Sólo así concibe la vida
y en esta idea la acompaño, me parece:
La vida
sólo
donde sea posible la ternura.

Elijo el silencio.
No es para satisfacer (te / os / los),
no.
Es una cuestión
                    de amor
                    propio.
Elijo el silencio
como único recodo a salvo
de la prisa,
de la urgencia,
de lo impostado,
de todos los peligros
que hacen que el mundo sea
menos mundo.

Estoy viva
(creo).
La vida no ha pasado
entera
todavía.

De haber vivido,
habríamos compartido un postre a cucharadas
y a lo mejor también cigarros a escondidas.

Contigo llegó pronto alguno
de los grandes bofetones de la vida:
la posibilidad abierta del amor sin cuadraturas,
la inconveniencia del vínculo,
la muerte en helicóptero.
Te habría contado casi siempre
lo importante
y me habrías recordado seguro, muchas veces,
qué alargada puede ser
la sombra propia.

He vuelto a casa pero no estás;
aunque siga buscando recovecos comunes
de ciudad,
de barrio,
de ensayo de guitarra los viernes a las cinco,
de calcetines marrones y uniforme de colegio.

Guardo **secretos a la espera**
del encuentro
y me quedan cartas que seguir escondiendo
bajo
las ánforas que custodian tu tumba.

A mi regreso
sólo un puñado
del polvo de la ciudad
en el bolsillo.

El abrigo en el respaldo
de una silla.

Incluso
los pájaros
descansan.

Mañana desharé
del todo
el equipaje.

ÍNDICE

III. *Las migas también son pan*